GUTSCHEINE
GESCHENKANHÄNGER

Sibylle Haenitsch-Weiß · Axel Weiß

Geldgeschenke

Gutscheine · Geschenkanhänger

originell
gestalten
und
verpacken

FALKEN

10
10

10 PFENNIG
1 DEUTSCHE MARK
DEUTSCHE MARK
50
DEUTSCHE BUNDESBANK
FÜNFZIG DEUTSCHE MARK
20
DEUTSCHE BUNDESBANK
ZWANZIG DEUTSCHE MARK

INHALT

Karin
Isabel
Gutschein
Babysitten
1
Wolle nach Wahl

VORWORT

Schenken ist nicht immer ganz einfach. Wie oft hat man nicht schon zu einem Verlegenheitsgeschenk gegriffen oder einfach einen Geldschein in einen Umschlag gesteckt! Das zeugt zwar meist von Großzügigkeit, aber nicht gerade von Phantasie. Oft gibt es auch Anlässe, bei denen der eigene Blumenstrauß bestimmt nicht der einzige bleiben wird. Oder der Betreffende hat wirklich alles. Oder man kennt weder den persönlichen Geschmack noch die Kleidergröße des Geschenkempfängers. Und wie „verpackt" man eine Einladung zum Essen? Denn mit leeren Händen möchte man schließlich nicht kommen.
In solch verzwickten Situationen sind originell gestaltete Gutscheine oder witzig präsentierte Geldgeschenke oft wahre „Retter in der Not". Sie bereiten nicht viel Mühe, zeigen aber, daß man sich Gedanken gemacht hat.
Dieses Buch gibt Ihnen viele Anregungen für Geschenke, die bestimmt zum Volltreffer werden. Jedes mit Freude gebastelte Geld- oder Gutscheingeschenk ist ein individuelles Einzelstück, das in schöner Erinnerung bleiben wird. Auch wird es wohl mehr Spaß machen, etwas mit Witz und persönlicher Note selbst Gemachtes zu verschenken als ein meist in Verzweiflung gekauftes Irgendwas.
Am Schluß des Buches zeigen wir Ihnen noch, wie Sie einem hübsch verpackten Geschenk mit einem originellen Geschenkanhänger den letzten Pfiff geben können.
Ob Sie nun unsere Ideen nacharbeiten oder sie als Anregung für eigene Werke benutzen: Wir wünschen Ihnen jedenfalls viel Spaß beim Basteln und Freude beim Schenken!

MATERIAL

Ob Elefantenhautpapier für eine Schatzkarte, farbige Tonkartons für Gutscheine oder weiße Tortendeckchen als Geschenkanhänger – Papier in den verschiedensten Farben, Stärken und Arten ist immer dabei! Im Schreibwarenhandel und in Bastelgeschäften finden Sie außerdem Tonpapier in den unterschiedlichsten Farben, glänzende Metallfolien, Zeichenkartons und viele andere Papiere. Was Sie an weiterem Material benötigen, erfahren Sie in der jeweiligen Anleitung.

Bei fast allen Geschenken spielt der „Aha-Effekt" eine große Rolle. Deshalb ist ein Verpackungsmaterial besonders wichtig: die Klarsichtfolie. Als Tüte oder von der Rolle – sie verleiht jedem Geschenk mehr Fülle und Glanz; zart verhüllt, zieht das Geschenk alle Blicke auf sich.

Accessoires

Bei der Dekoration der Geschenke sind Ihrer Phantasie und meist auch Ihrem Geldbeutel keine Grenzen gesetzt. Machen Sie doch mal einen Streifzug durch einen Schreibwarenladen, ein Bastel- oder ein Dekorationsfachgeschäft, und schon werden die Ideen nur so sprudeln.
Die Vielfalt an Bändern, Schleifen, Federn, Glimmer- und Glanzsternchen und -steinchen bietet für jeden Geschmack und für jede Stilrichtung etwas Entsprechendes und Besonderes.
Speziell für Geld- und Gutscheingeschenke sind auch Spielzeuggeschäfte, Haushalts- und Süßwarenläden gute Quellen für Accessoires.
Vieles finden Sie sogar in der Krims-Krams-Schublade im eigenen Haushalt… und schon wird aus einer Idee ein originelles Unikat zum Verschenken!

WERKZEUG

Für das Basteln der in diesem Buch beschriebenen Geschenkideen ist die Grundausstattung sicher in jedem Haushalt vorhanden.
Zum Bemalen und Beschriften können Sie meist die Farben und Stifte nehmen, mit denen Sie am besten arbeiten können.
Was Sie fast immer brauchen, sind transparenter Klebefilm und Kleber, Schere, Lineal und Schneidemesser sowie Tacker und Papierlocher.
Und wenn mal etwas fehlt, improvisieren Sie ruhig: Wer keinen Zirkel besitzt, nimmt einfach einen Tortenteller, um einen großen Kreis zu ziehen; wer kein Transparentpapier zum Durchpausen zur Hand hat, greift eben zu Butterbrotpapier.

GELDGESCHENKE
GELDGESCHENKE

GELD-GESCHENKE

Geld verschenken? „Wie einfallslos!“ – denken wohl die meisten. Aber vielleicht braucht man in letzter Minute ein Mitbringsel. Es gibt jedenfalls genügend Anlässe, bei denen man mit einem großen oder kleinen Geldschein genau richtig liegt. Doch das Wie ist hier entscheidend! Warum also nicht mit Witz und Pep Bargeld „verpacken“? Im Nu zaubern Sie aus einem sonst verstohlen zugesteckten Zwanziger ein wirkungsvolles Geschenk. Die Materialien und Accessoires sind wenig aufwendig, und vieles werden Sie schon zu Hause haben. Lassen Sie Ihrer Phantasie einfach freien Lauf, und Sie werden sehen: Das Drumherum macht's!

SICHT-„BARES“ IM RAHMEN

Material:

weißer Karton
dünner Jeansstoff (18 x 24 cm)
Geldschein
farbiges Tonpapier
Bilderrahmen (18 x 24 cm)
Schleife

Hilfsmittel:

Schere
Sprühkleber
Transparentpapier
Kohlepapier
Bleistift
transparenter Klebefilm

Schneiden Sie den weißen Karton auf Rahmengröße zurecht. Besprühen Sie ihn mit Sprühkleber, und kleben Sie den Jeansstoff darauf fest. Pausen Sie mit dem Transparentpapier die Umrisse des Geldscheinteils durch, der auf dem T-Shirt abgebildet werden soll. Nun den Umriß mit dem Kohlepapier auf das Tonpapier übertragen. Schneiden Sie das Motiv sauber aus. Das so entstandene Fenster wird mit den Umrissen eines T-Shirts umzeichnet. Schneiden Sie das T-Shirt aus, und falten Sie den Geldschein so, daß das Motiv im T-Shirt-Fenster erscheint. Fixieren Sie den Schein mit ein wenig Klebefilm. Legen Sie das Geld-T-Shirt auf den Stoff, schließen Sie den Rahmen, und schmücken Sie Ihre „Kleiderspende“ mit einer Schleife.

Material:

farbiges Tonpapier
weißer Karton
Spielzeugprospekt
Geldschein
Bilderrahmen ohne Glas
Schleife

Hilfsmittel:

Bleistift
Schere
Lineal
Schneidemesser
Kleber
transparenter Klebefilm
Filzstifte

Schneiden Sie ein Stück Tonpapier in der Größe des Bilderrahmens aus. Zeichnen Sie darauf einige kleine Fenster und ein etwas größeres für den Geldschein, und schneiden Sie entlang des Lineals mit dem Schneidemesser Fensterläden ein. Die Seitenkanten werden dabei nicht eingeschnitten, sondern zum späteren Falzen nur leicht angeritzt. Dann das Deckblatt auf ein Stück Karton in gleicher Größe legen und darauf den Stand der Fenster einzeichnen. Dorthin kleben Sie nun Motive, die Sie aus Spielzeugprospekten ausgeschnitten haben. Der gefaltete Geldschein wird mit ein wenig Klebefilm auf der Rückseite des Deckblatts befestigt. Deckblatt und Karton zusammenkleben und rahmen.

Material:

Metallicpapier
Karton
Geldschein
Schmuckprospekte
goldfarbene Flimmersternchen
rahmenloser Bildhalter
Straßsteinchen

Hilfsmittel:

Schere
Klebestift
Sekundenkleber

Schneiden Sie das Metallicpapier, das farblich gut zum Geldschein passen soll, auf die Größe des Bildhalters zurecht. Kleben Sie es mit wenigen Klebepunkten auf einen ebenso großen Karton. Darauf ordnen Sie dann dekorativ den Geldschein und die aus Prospekten ausgeschnittenen Schmuckstücke an. Dabei den Kleber sparsam verwenden. Streuen Sie noch einige Flimmersternchen auf Ihr Werk, und verschließen Sie es zwischen Scheibe und Rückwand des Bildhalters. Zum Schluß bringen Sie auf der Scheibe mit Sekundenkleber noch einige Straßsteinchen an.

Material:

Bilderrahmen (13 x 18 cm)
weißer Karton (dünn)
Geldschein à DM 20,–
Transparentpapier
Kohlepapier
Federn

Hilfsmittel:

Lineal
Bleistift
Schere
Nagelschere
schwarzer Filzstift
grüner Filzstift
transparenter Klebefilm

Schneiden Sie den Karton auf Rahmengröße zurecht. Pausen Sie mit Transparentpapier die Umrisse der Geige vom 20-DM-Schein durch. Übertragen Sie den Umriß mit Kohlepapier auf den Karton, und schneiden Sie ihn mit der Nagelschere sauber aus. Zeichnen Sie mit dem schwarzen Filzstift Notenlinien und Noten auf den Karton. Mit dem grünen Filzstift geben Sie Ihrem Werk noch einige hübsche Akzente. Nun wird der Geldschein so hinter das Fenster gelegt und fixiert, daß die Geige gut sichtbar ist. Rahmen Sie Ihre „Komposition", und verzieren Sie sie mit hübschen Federn.

GLÜCK IM SPIEL

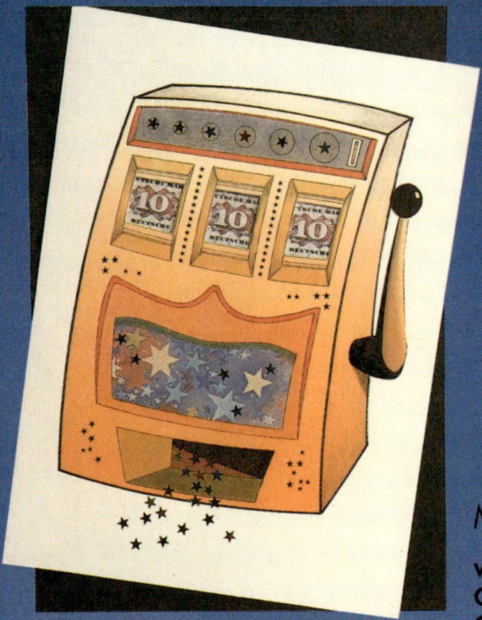

Material:

weißer DIN-A4-Karton
3 Geldscheine à DM 10,–

Hilfsmittel:

Bleistift
schwarzer Filzstift
Lineal
Aquarellfarben oder Buntstifte
transparenter Klebefilm
Schneidemesser

Auf den Karton wird ein Spielautomat, der „einarmige Bandit", gezeichnet: zunächst mit Bleistift, dann mit Filzstift. Die Fenster müssen so breit sein wie die „10" auf dem Geldschein. Zum Ausmalen verwenden Sie entweder Buntstifte oder Aquarellfarben. Falls Sie Aquarell- oder Wasserfarbe nehmen, sollten Sie das Blatt vorher ringsum mit einem Klebefilm auf der Unterlage fixieren, damit es sich später nicht wellt. Schließlich geben Sie Ihrem Werk mit ein paar bunten Klecksen, Glitzersternen oder anderem Dekomaterial noch pfiffige Akzente. Nach dem Trocknen des Kartons werden die eingezeichneten Fenster mit dem Schneidemesser ausgeschnitten. Dann falten Sie die drei 10-DM-Scheine so, daß sie nebeneinander jeweils hinter ein Fenster passen und der Geldwert später gut zu sehen ist. Jetzt befestigen Sie die Scheine nur noch mit Klebefilm auf der Kartonrückseite. Und schon haben Sie drei Richtige und ein Geschenk, das sich nicht nur für Spielernaturen eignet!

Material:

weißer DIN-A4-Karton
Geldschein à DM 10,–
Geldschein à DM 20,–

Hilfsmittel:

Filzstifte in Schwarz, Rot, Blau und Gelb
Bleistift
Lottoschein
Schneidemesser
Lineal

Ein Feld eines Lottoscheins wird vergrößert mit einem roten Filzstift auf den Karton gezeichnet. Am besten skizzieren Sie sich vorher mit Bleistift ein Hilfsgitter. Dabei sollten die Felder für die einzelnen Zahlen 2 x 2 cm groß sein und etwa 7 mm seitlichen Abstand voneinander haben. Orientieren Sie sich dabei an der hier gezeigten Abbildung oder an einem richtigen Lottoschein. Umrahmen Sie nun das ganze Feld mit einem roten Balken, der unten so breit sein muß, daß darauf ein Schriftzug Platz findet. Der darunter noch verbleibende Raum kann nach Belieben beschriftet werden. Die Felder 10 und 20 schneiden Sie jetzt mit Hilfe von Lineal und Schneidemesser so groß aus, daß später die Zahlen des 10-DM- und des 20-DM-Geldscheins gut in den Fenstern zu sehen sind. Dann die Geldscheine entsprechend falten und mit Klebefilm auf der Rückseite des Kartons fixieren. Geben Sie nun Ihren Geldfenstern noch das richtige Lotto-Ambiente: Kreuzen Sie sechs Richtige mit blauem Filzstift an. Viel Glück!

MODERN ART

Material:

Papiere in unterschiedlichen Farben und Sorten
rahmenloser Bildhalter (13 x 18 cm)
Geldschein à DM 20,–

Hilfsmittel:

Bleistift
Filzstifte
Schere
Schneidemesser
Lineal
Klebstoff

Nehmen Sie Papier, Stifte, Schere und Schneidemesser, und kleben Sie eine phantasievolle Collage, in die Sie den Geldschein integrieren. Oder arbeiten Sie einfach das abgebildete kleine Kunstwerk nach. Wie Sie sich auch entscheiden, am Ende wird sicher etwas Sehenswertes dabei herauskommen.

DURCH DIE BLUME SCHENKEN

Material:

Geldscheine
langstielige Rose
Blumendraht
Klarsichtfolie
Geschenkband

Hilfsmittel:

transparenter Klebefilm
Schere

Zunächst falten Sie die Geldscheine wie abgebildet zu Dreiecken. Legen Sie einen Blumendraht auf die Mitte der Scheinrückseite, und fixieren Sie die Falzung und den Draht mit einem kleinen Stück Klebefilm. Dann werden die oberen Blätter der Rose entfernt. Statt dessen bringen Sie dort die Geldscheinblätter an. Legen Sie dazu die Dreiecke mit dem Draht an den Rosenstiel, und umwickeln Sie den Stiel mit dem Draht. Bevor Sie die Rose in Klarsichtfolie einschlagen, biegen Sie die Geldblätter etwas nach außen.

Material:

Geldscheine
Blumendraht
Biedermeiersträußchen mit Manschette

Hilfsmittel:

Drahtzange
transparenter Klebefilm

Falten Sie die Geldscheine von der schmalen Seite her ziehharmonikaartig zusammen. Knicken Sie für jede Geldblüte ein langes Stück Blumendraht in der Mitte. Legen Sie den gefalteten Geldschein mit der Mitte in die entstandene Drahtschlaufe, und zwirbeln Sie beide Drähte eng am Schein zusammen (siehe Abbildung). Nun werden die Scheine auseinandergefächert und die Kanten mit einem kleinen Stück Klebefilm zusammengeklebt. Die so entstandenen Rosetten werden in das Biedermeiersträußchen gesteckt. Herausstehenden Draht mit der Zange abschneiden.

GELDSCHMETTERLINGE

Material:

weißer Karton
mehrere Geldscheine
farbiger Tonkarton
Stecknadeln mit bunten Köpfen
Zierkordel

Hilfsmittel:

Farbstifte
Schere
transparenter Klebefilm
Tacker
Locher

Basteln Sie zuerst die Schmetterlinge: Je nach Geldscheinanzahl zeichnen Sie pro Schmetterling zwei Flügelpaare auf den weißen Karton und bemalen sie hübsch mit den Farbstiften. Schneiden Sie die Flügel aus, und legen Sie die beiden zusammengehörigen Teile mit den bemalten Flächen nach außen genau übereinander. Rollen Sie die Geldscheine einzeln eng zusammen, und fixieren Sie sie mit einem Stückchen Klebefilm. Legen Sie nun jeweils einen Schein zwischen die beiden Teile eines Flügelpaares, und tackern Sie die Flügel dicht am Schein zusammen. Stecken Sie zwei Stecknadeln als Fühler in den zusammengerollten Geldschein. Für die Hängevorrichtung schneiden Sie nun zunächst einen etwa 40 cm langen und 3 cm breiten, farbigen Kartonstreifen aus und lochen ihn viermal im gleichen Abstand. Dann legen Sie den Streifen zu einem Ring, und tackern Sie ihn an den Enden zusammen.
Ziehen Sie vier etwa 25 cm lange Fäden (oder hübsches Geschenkband) jeweils durch eines der vier Löcher, und verknoten Sie immer das eine Ende am Ring. Die anderen Enden binden Sie alle zum Aufhängen zusammen. Die Schmetterlinge befestigen Sie mit verschieden langen Fäden an denselben Löchern. Am Körper des Schmetterlings wird der Faden mit Hilfe einer Stecknadel befestigt. Wenn Sie mehr oder weniger als vier Schmetterlinge gebastelt haben, verteilen Sie sie gleichmäßig um den Ring herum. Ein Tip zum Schluß: Erscheint Ihnen das Bemalen zu mühsam, schneiden Sie einfach Schmetterlingsmotive aus entsprechendem Geschenkpapier aus.

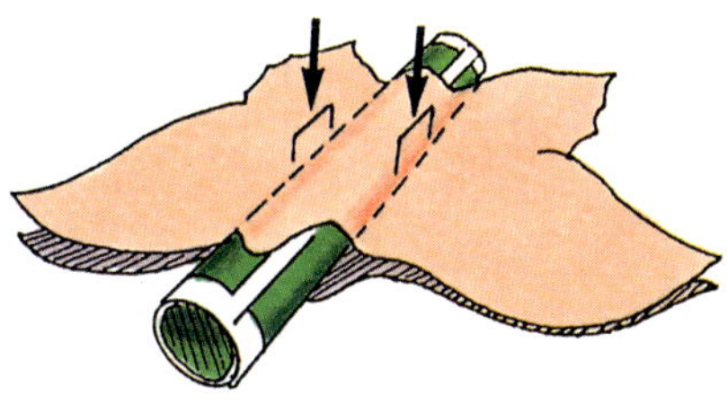

„WEM KIES“ . . .

Material:

kleiner Eimer
Kies
Geldscheine
Schaschlikstäbchen
farbiger Tonkarton
Klarsichtfolie
Geschenkband oder Schleife
Geschenkanhänger

Hilfsmittel:

Schere
transparenter Klebefilm
schwarzer Filzstift

Besorgen Sie einen kleinen Eimer (Setzkastenminiatur oder Puppeneimer). Füllen Sie ihn mit Kies, stecken Sie zusammengerollte Geldscheine dazu, und machen Sie aus dem Schaschlikstäbchen und einem kleinen Kartonrechteck das Schild „Kies“. Nun den Kieseimer in Klarsichtfolie einpacken und mit einer schönen Schleife verzieren.

. . . UND „KOHLE“ FEHLEN

Material:

Tüte aus Klarsichtfolie
eine Handvoll Grillkohle
Geldscheine
schwarzes Geschenkband
Klebeetikett

Hilfsmittel:

transparenter Klebefilm
Schere
Filzstift

Füllen Sie die Tüte halb voll mit Grillkohle. Stecken Sie zusammengerollte Geldscheine dazu, die mit einem Klebefilmstreifen fixiert werden. Verschließen Sie den Beutel mit Geschenkband, und versehen Sie ihn noch mit dem Etikett „Kohle“.
Ein originelles Mitbringsel zur Grillparty oder für Freunde, die noch mit Kohle heizen!

„SAUREGURKENZEIT"

Material:

kleines Glas Gürkchen
Stoffrest
Gummiring
Geschenkband
Geldschein
Klarsichtfolie

Hilfsmittel:

Schere
Filzstift

Zuerst lösen Sie durch Einweichen in warmem Seifenwasser das Etikett vom Gurkenglas. Schneiden Sie dann den Stoff quadratisch, so daß er großzügig über den Deckelrand reicht. In der Mitte des Stoffes zwei etwa 2,5 cm lange Schlitze im Abstand von ungefähr 3 cm einschneiden. Ziehen Sie den Stoff über den Deckel des Glases, und befestigen Sie ihn unter dem Deckelrand mit einem Gummiring. Verdecken Sie den Gummiring mit einem farblich passenden Geschenkband. Nun schieben Sie den gefalteten Geldschein durch die Einschnitte im Stoff. Kleben Sie zum Schluß noch ein mit den Worten „Für Sauregurkenzeiten" beschriftetes Etikett auf das Glas. Noch effektvoller wird das Geschenk, wenn Sie es in Klarsichtfolie einschlagen.

MÜNZTRANSPORT

Material:

20-25 cm langer Spielzeug-Lkw aus Holz
Münzgeldrollen von der Bank
Geschenkband oder Schleife
Klarsichtfolie

Hilfsmittel:

Schere
doppelseitiges Klebeband

Füllen Sie die Ladefläche des Lkws mit den Münzrollen. Fixieren Sie sie dabei jeweils mit einem kleinen Stück doppelseitigem Klebeband. Packen Sie den Lkw nun in großzügig gebauschte Klarsichtfolie ein, die Sie mit einer schönen bunten Schleife zubinden.

LUSTIGE MITBRINGSEL

Material:

Klemmfiguren
Geldschein oder 5-DM-Stück
Tüte aus Klarsichtfolie
Geschenkband

Hilfsmittel:

Schere

Niedliche Klemmfiguren gibt es in vielerlei Arten und Variationen zu kaufen. Suchen Sie eine aus, die zum Empfänger paßt, und klemmen Sie entweder einen gefalteten Geldschein oder eine Münze zwischen die Klammerhände. Setzen Sie die Figur in eine kleine Tüte aus Klarsichtfolie, und verschließen Sie sie mit einer hübschen Schleife.

FÜR KLEINE KAPITÄNE

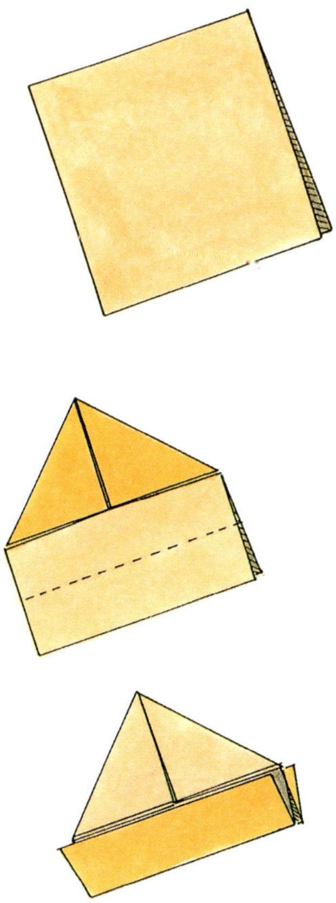

Material:

blauer Karton (DIN A3)
Modelleisenbahnzubehör (Miniaturen, Bäume, Büsche)
Geldscheine
Klarsichtfolie
blaues Geschenkband

Hilfsmittel:

Zirkel
Schere
Kraftkleber
transparenter Klebefilm

Entweder mit dem Zirkel auf dem Karton einen Kreis ziehen, oder den See in beliebiger Form ausschneiden, ohne ihn vorzuzeichnen. Gestalten Sie mit den Pflanzen und den Miniaturen sowie mit anderem geeignetem Material den Uferbereich des Sees. Falten Sie nach nebenstehender Anleitung die Geldscheine zu Schiffchen, und kleben Sie sie mit etwas Klebefilm auf das „Wasser“. Ihr „Geldsee“ kommt beim Verschenken noch besser zur Geltung, wenn Sie ihn luftig in Klarsichtfolie verpacken, die Sie mit Geschenkband verschließen.

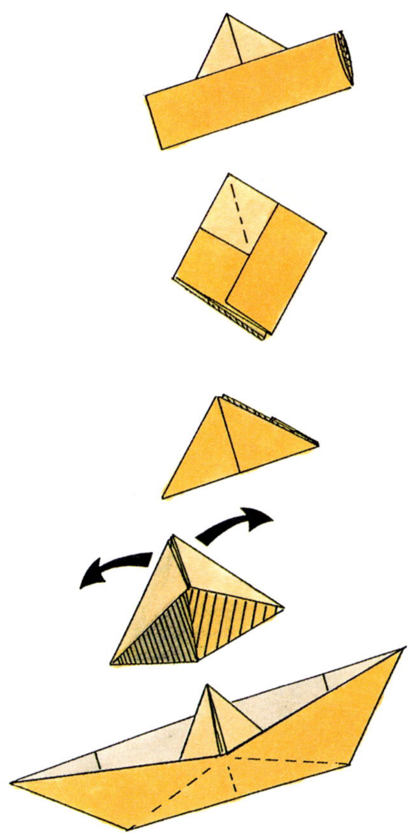

EIN BABY IST DA!

Material:

eckiges Tortendeckchen
(etwa 20 x 30 cm)
Sparbuch
Geschenkband
kleine Stoffblüten
Schnuller

Hilfsmittel:

transparenter Klebefilm

Das ist eine schöne Verpackung für ein Sparbuch zur Geburt oder zur Taufe. Falten Sie das Tortendeckchen wie abgebildet. Achten Sie darauf, daß der Abstand zwischen den ersten zwei Falzen der Breite des Sparbuchs entspricht. Das schieben Sie nun in die so entstandene Tasche. Es sollte oben etwas herausragen. Falten Sie den Überschuß nach hinten, und kleben Sie ihn mit Klebefilm fest. Ziehen Sie ein Geschenkband von hinten nach vorn durch die Löcher des Spitzenrandes, und verknoten Sie es, wobei Sie die Blümchen gleich mit befestigen. Binden Sie mit den durch die Löcher des Schnullers gezogenen Bandenden eine hübsche Schleife.

„DAS GEHÖRT MIR!"

Material:

Plüschtier mit beweglichen Armen
Sparbuch
Schleife

Hilfsmittel:

Nähfaden
Nähnadel

Achten Sie beim Kauf des Plüschtiers darauf, daß es bewegliche Arme hat, die von der Größe her gut ein Sparbuch halten können. Nähen Sie die Arme des Plüschtiers mit einigen groben Stichen so eng zusammen, daß das Sparbuch nicht herausfällt, wenn Sie es zwischen Arme und Körper des Tieres stecken. Dieses Geschenk eignet sich sehr gut für eine Geburt, eine Taufe, eine Kommunion oder eine Konfirmation.

WENN DIE HOCHZEITSGLOCKEN

Material:

Papprolle
Geldscheine
eckiges Tortendeckchen
blauer Tonkarton
Brautpaarfiguren (Modelleisenbahnzubehör)
blaue Schleife

Hilfsmittel:

Schere
transparenter Klebefilm
Zirkel
Sekundenkleber

Schneiden Sie die Papprolle (zum Beispiel den Innenteil einer Küchenkrepprolle) auf etwa 10 cm Länge. Nun wickeln Sie den ersten Geldschein so um ein Ende der Rolle, daß er mit der Kante abschließt, und fixieren Sie ihn mit Klebefilm. Rollen Sie die übrigen Geldscheine stufenweise darüber, bis die Rolle verkleidet ist. Dann wird der Spitzenrand des eckigen Tortendeckchens gerade abgeschnitten und als Abschluß um die Rolle gewickelt. Die Spitze sollte dabei bündig abschließen; schneiden Sie gegebenenfalls Überlängen weg. Kleben Sie die Kanten hinten mit transparentem Klebefilm zusammen. Ziehen Sie nun mit dem Zirkel auf dem blauen Karton einen Kreis. Er sollte einen größeren Durchmesser haben als die Pappsäule. Den ausgeschnittenen Kreis kleben Sie mit Sekundenkleber auf die obere Kante der Säule. Als Krönung befestigen Sie das Brautpaar mit Sekundenkleber in der Mitte der Platte. Zum Abschluß dekorieren Sie die Hochzeitssäule mit einer großen Schleife. Wenn es Ihnen gefällt, können Sie die Säule noch großzügig in Klarsichtfolie hüllen.

LÄUTEN...

Material:

Fotoalbum für Hochzeitsbilder
Herzchenaufkleber
Fotoecken

Kaufen Sie ein besonders hübsches Fotoalbum ohne selbstklebende Folien oder Haftseiten. Versehen Sie neue, ungeknickte Geldscheine mit Fotoecken, und kleben Sie sie damit auf die erste Albumseite, die Sie dann mit Herzchenaufklebern oder anderen hübschen Motiven schmücken. Auch mit diesem Geschenk kann man einem Brautpaar eine ganz besondere Freude bereiten: Das Geld ist sicher ebenso willkommen wie ein hübsches Album für die Hochzeitsfotos.

KLASSENFAHRT

Material:

Puppenrucksack
Inhalt nach Wahl
Geldscheine
kleine Gummiringe
Schleife

Füllen Sie den Rucksack mit nützlichen Kleinigkeiten, die man für eine Klassenfahrt brauchen könnte: Miniwörterbuch, Taschentuch, Bonbons, Heftpflaster, Mininotizblock mit Kugelschreiber oder ähnlichem. Schließen Sie den Rucksack, und schieben Sie die zusammengerollten, mit kleinen Gummis zusammengehaltenen Geldscheine unter die Lasche. Eventuell mit Klebeband befestigen. Falls die Fahrt ins Ausland geht, können Sie Scheine in der entsprechenden Landeswährung nehmen. Schmücken Sie den Rucksack zum Schluß mit einer Schleife.

ZUM SCHULABSCHLUSS

Material:

weißer Karton
Geschenkpapier
rundes Tortendeckchen
Süßigkeiten
Füller oder Kugelschreiber
Geldschein
Klarsichtfolie
Geschenkband

Hilfsmittel:

Zirkel
Schere
Lineal
Filzstift
Sprühkleber
Klebestift
Tacker
transparenter Klebefilm

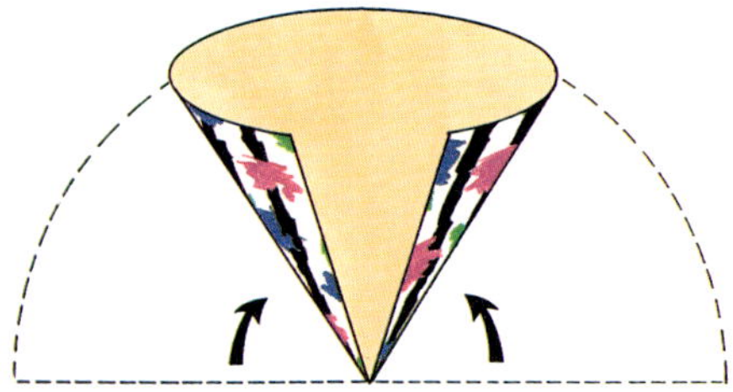

Ziehen Sie mit dem Zirkel auf den Karton einen Kreis von etwa 25 cm Durchmesser. Schneiden Sie ihn aus, und halbieren Sie ihn. Besprühen Sie die eine Hälfte mit Sprühkleber, und drücken Sie die klebende Fläche auf die Rückseite des Geschenkpapiers. Schneiden Sie überstehendes Papier weg. Nun schneiden Sie den Spitzenrand des Tortendeckchens ab und kleben ihn auf der Kartonseite entlang der Kante an. Rollen Sie nun den Karton zu einer Tüte. Takkern Sie die Enden zusammen, und kleben Sie den Schlitz eventuell noch mit Klebefilm zu. Füllen Sie die Tüte mit Süßigkeiten, und stecken Sie einen Füller oder Kugelschreiber dazu, in dessen Klemmvorrichtung Sie den gefalteten Schein schieben. Damit der Inhalt nicht verlorengeht, die Tüte in Klarsichtfolie einschlagen und oben mit einem Geschenkband verschließen.

ENDLICH DEN BESEN IN DIE ECKE STELLEN!

ENDE DER LEHRZEIT

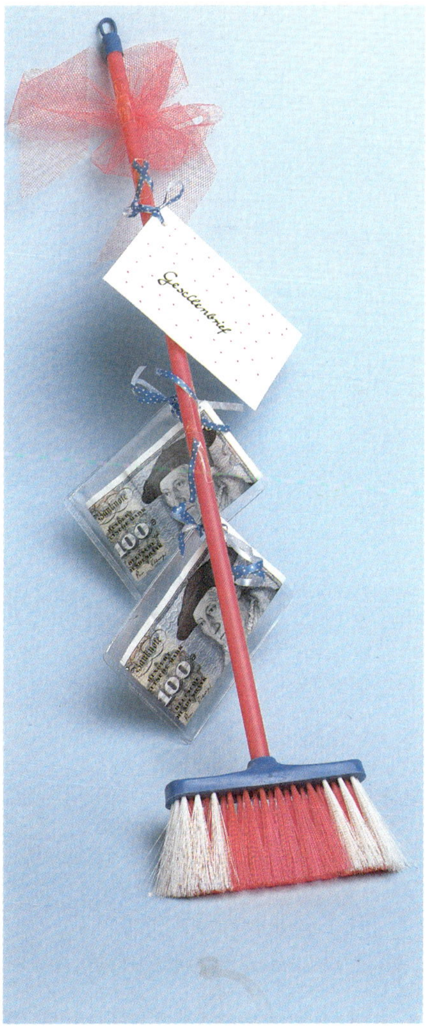

Material:

Briefbogen
Kuvert
Geschenkband
kleiner Besen
Geldscheine
Plastikhüllen
Schleife

Hilfsmittel:

Locher
transparenter Klebefilm

Schreiben Sie zuerst einen „Gesellenbrief": „Lieber Geselle! Jetzt hast Du's geschafft, nun kannst Du den Besen endlich in die Ecke stellen..."
Stecken Sie Ihren lustigen Brief in ein vorher gelochtes Kuvert, das mit Geschenkband an den Besen gehängt wird. Schneiden Sie je nach Anzahl der Geldscheine entsprechend große Plastikhüllen zurecht, damit Sie die Scheine hineinstecken können. Dann verschließen Sie die offenen Kanten mit Klebefilm. Lochen Sie die Hüllen, ohne das Geld zu beschädigen, und hängen Sie sie ebenfalls mit Geschenkband an den Besen. Verzieren Sie ihn zum Schluß mit einer schönen großen Schleife.

OSTERN

Material:

6er-Eierkarton
Farbspray (FCKW-frei)
Ostergras
Osterdekoration
Ostereier (echte und süße)
Münzen
Klarsichtfolie
Geschenkband

Hilfsmittel:

Schere

Besprühen Sie – am besten im Freien – den Boden des Eierkartons mit Farbspray, und lassen Sie ihn gut trocknen. Den Karton mit etwas Ostergras auslegen und fünf der Eierfächer österlich füllen. Mit Klarsichtfolie, Geschenkband und den Münzen basteln Sie nun ein kleines Geldsäckchen, das in dem leergebliebenen Eierfach Platz findet. Damit Karton und Inhalt gut zusammenhalten, verpacken Sie alles nochmals hübsch in Klarsichtfolie. Schon ist eine bunte Osterüberraschung fertig, die sicher gut ankommen wird!

Material:

Schokoladenei mit Überraschung im Inneren
Geldschein
Klarsichtfolie
Geschenkband
Österlicher Eierbecher

Hilfsmittel:

Schere

OSTERN

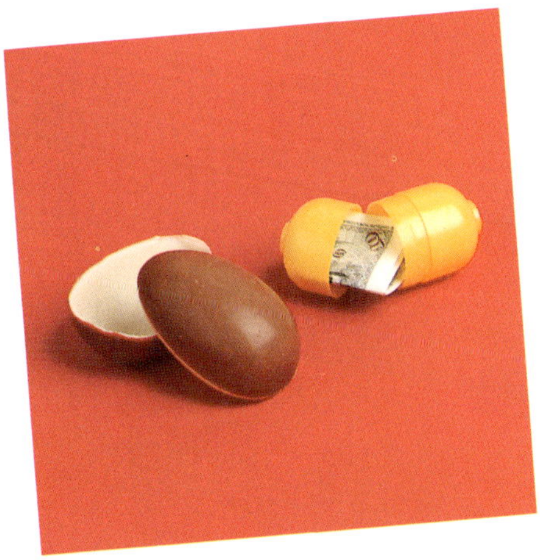

Packen Sie das Schokoladenei aus, und teilen Sie es in zwei Hälften. In den Behälter geben Sie dann einen gefalteten Geldschein und verschließen ihn wieder. Legen Sie den Behälter in das Ei zurück, und drücken Sie die Hälften wieder leicht zusammen. Das Ei in Klarsichtfolie einschlagen und mit Geschenkband verzieren. So halten die beiden Hälften bis zum Öffnen gut zusammen. Nun können Sie das Ei noch mit Osterdekoration schmücken.

Material:

kleines Körbchen
Geldschein
Ostergras
Schokoladeneier in Stanniolpapier
Osterdekoration
Schleife

Das Körbchen mit einem Geldschein ausbetten und mit Ostergras und Schokoladeneiern füllen. Die Eier sollten eingewickelt sein, da sie den Geldschein berühren! Schmücken Sie zum Schluß noch die Henkel des Körbchens mit Schleife und Osterdekoration.

NIKOLAUS

Material:

Sackleinen (etwa 6 x 15 cm)
Wollfaden
Münzen
Schokoladennikolaus in Stanniolpapier

Hilfsmittel:

Nähnadel
Nähgarn
dicker Filzstift
doppelseitiges Klebeband

Legen Sie das etwa 6 x 15 cm große Stück Sackleinen zusammen, und nähen Sie daraus ein kleines Säckchen. Heften Sie nun einen etwa 20 cm langen Wollfaden rund um die Öffnung (siehe Abbildungen). Den Sack mit dem Filzstift beschriften, mit dem gewünschten Geldbetrag füllen und zuziehen. Verknoten Sie den Wollfaden, und kleben Sie den Sack mit einem Stück doppelseitigem Klebeband auf den Rücken oder an die Hand des Nikolaus.

Material:

Walnüsse
Geldscheine
Weihnachtsteller

Hilfsmittel:

Nußknacker
Kontaktkleber
goldfarbener Lackstift

Knacken Sie vorsichtig einige Walnüsse, ohne die Hälften zu beschädigen. Füllen Sie die Nußschalen mit klein gefalteten Geldscheinen, und kleben Sie sie mit Kontaktkleber wieder zusammen. Dann werden die Nüsse mit goldenem Lackstift bemalt und mit anderen Nüssen auf einem hübschen Weihnachtsteller arrangiert. Empfängern mit Humor kann man auch einige Nieten „unterjubeln".

Material:

Schokogoldtaler im Netz
Münzen
goldfarbene Zierkordel
Schleife

Öffnen Sie das eine Ende des Netzes, und geben Sie so viele echte Münzen hinzu, wie Sie möchten. Mit der Zierkordel verschließen Sie die Öffnung wieder. Zum Schluß schmücken Sie das Netz noch mit einer weihnachtlichen Schleife.

BUON APPETITO!

Material:

Strohhut
grünes, rotes und weißes Geschenkband
Geldscheine
Knoblauchknolle
rote Zwiebel
Paprikaschote
Nudeln

Hilfsmittel:

Nähnadel
Nähgarn
Bastel- oder Blumendraht
Textilklebeband
Kraftkleber

Legen Sie die Geschenkbänder um den Kopfteil des Hutes, und nähen Sie sie mit einigen Stichen unsichtbar fest. Falten oder rollen Sie die Geldscheine, und stecken Sie sie hinter das Band. Nun wird das Gemüse mit Draht durchbohrt (eventuell vorher mit einer Nadel Löcher vorstechen) und am Hut befestigt. Die Enden des Drahtes fixieren Sie im Hutinneren mit etwas Klebeband.
Den letzten Pfiff bekommt der Hut, wenn Sie mit Kraftkleber einige Nudeln anbringen und ein paar Italien-Fähnchen hineinstecken.

FÜRS ESSENGEHEN

Material:

Serviette
Karton
Puppenteller
Puppenbesteck
Geschenkband
Geldschein
Schleife

Hilfsmittel:

Bleistift
Schere
transparenter Klebefilm
doppelseitiges Klebeband
Milchdosenöffner

Schneiden Sie aus dem Karton ein Quadrat in der Größe der Serviette aus. Legen Sie es als Verstärkung zwischen die Serviettenlagen, und fixieren Sie es mit Klebefilm. Kleben Sie dann den Teller mit doppelseitigem Klebeband in die Mitte der Serviette. Stechen Sie links und rechts vom Teller je zwei nebeneinanderliegende Löcher. Geschenkband hindurchziehen und damit das Besteck festbinden. Mit etwas Klebefilm befestigen Sie zum Schluß den gefalteten Geldschein auf dem Teller. Eine dekorative Schleife anbringen – fertig!

FÜRS CHOP SUEY

Material:

schwarzer Karton
gelber Lackstift
gelbes Geschenkband
Geldschein
Gummiring
1 Paar Eßstäbchen

Hilfsmittel:

Zirkel oder großer Teller
Bleistift
Schere
Lineal
Schneidemesser
Tacker

Mit einem Zirkel oder mit Hilfe eines großen Tellers zeichnen Sie auf dem Karton einen Kreis mit 30 cm Durchmesser. Schneiden Sie ihn aus, und ziehen Sie entlang des Lineals mit dem Schneidemesser von der Mitte bis zur Kante einen Schnitt. Schreiben Sie mit einem gelben Lackstift rundherum chinesische Phantasiezeichen oder Glückwünsche. Jetzt schneiden Sie in Radiusmitte mit dem Schneidemesser zwei etwa 2,5 cm auseinander liegende Schlitze. Sie müssen so lang sein, daß das Geschenkband in der Breite hindurchpaßt. Ziehen Sie nun die beiden Enden eines 40 cm langen Geschenkbandes von hinten durch diese Schlitze. Falten Sie dann einen Geldschein ziehharmonikaartig, und halten Sie ihn im unteren Drittel mit einem kleinen Gummiring zusammen. Den oberen Teil fächern Sie auseinander. Jetzt binden Sie die Eßstäbchen und den Geldscheinfächer mit dem Geschenkband fest. Schieben Sie die beiden Seiten am Kreiseinschnitt so weit übereinander, daß ein Hut entsteht, und tackern Sie sie zusammen. Zum Schluß noch mit dem Tacker zwei gleich lange Geschenkbänder am Hutrand befestigen. Die Befestigungspunkte müssen einander gegenüberliegen. Jetzt steht dem Chop Suey nichts mehr im Wege!

GELD FÜR DIE WOHNUNGS-EIN-RICHTUNG

Material:

6 Pfeifenreiniger
2 Geldscheine
Puppensofa
Klarsichtfolie
Geschenkband oder Schleife

Hilfsmittel:

transparenter Klebefilm
Nähnadel
durchsichtiges Nähgarn

Biegen Sie aus je 3 Pfeifenreinigern einen Körper (siehe Abbildung). Falten Sie die Geldscheine so, daß nur die abgebildeten Gesichter zu sehen sind, und kleben Sie sie mit ein wenig Klebefilm an die Pfeifenreinigerkörper. Nun nähen Sie den Körper im Schenkelbereich an das Sofapolster. Schlagen Sie alles luftig in Klarsichtfolie ein, und krönen Sie das Geschenk mit einer Schleife.

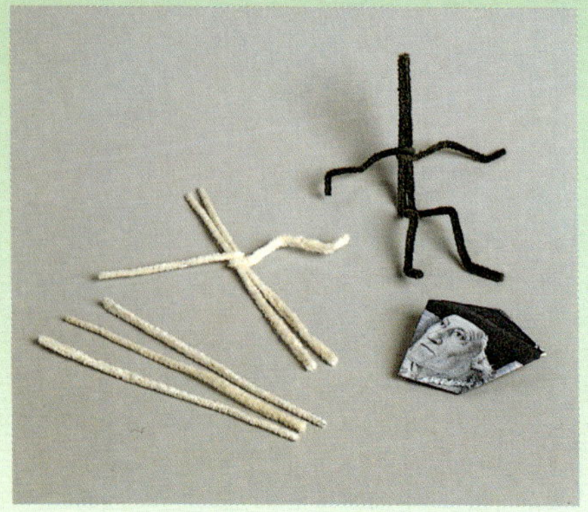

Material:

Zeitschrift über Wohnkultur
Möbelprospekt
Geldschein
Bilderrahmen
dünner Karton in Rahmengröße
Geschenkband oder Schleife

Hilfsmittel:

Schneidemesser
Lineal
Schere
transparenter Klebefilm
Klebestift

Blättern Sie die Zeitschrift und den Möbelprospekt durch, und suchen Sie ein stimmungsvolles Bild, in das Sie den Geldschein unauffällig einbauen können. Das Bild wird zunächst auf Rahmengröße zurechtgeschnitten. Ein eckiges Fenster für den Geldschein schneiden Sie am besten entlang des Lineals mit dem Schneidemesser aus. Für ein Bogenfenster nehmen Sie die Schere. Hinterlegen Sie das Fenster nun so, daß das gewünschte Geldmotiv gut zu sehen ist, und kleben Sie den Schein auf der Rückseite des Bildes mit einem Stückchen Klebefilm fest. Zur Verstärkung befestigen Sie die Collage mit einigen Klebepunkten auf dem Karton. Jetzt nur noch rahmen und dekorieren: Schon haben Sie ein ausgefallenes Geschenk für jemanden, der sich seine erste Wohnung einrichtet! Zwei hübsche Beispiele sehen Sie auf der rechten Seite.

FÜR LESERATTEN

Material:

Buchprospekte
Gummiband
Geschenkband
Plastikhülle
Geldschein

Hilfsmittel:

Schere
transparenter Klebefilm
Locher

Rollen Sie die Buchprospekte, und halten Sie sie mit dem Gummiband zusammen. Verstecken Sie das Gummi unter dem zur Schleife gebundenen Geschenkband. Nun wird die Plastikhülle so beschnitten, daß sie etwas größer ist als der Geldschein. Den Schein hineinschieben und die offenen Kanten der Hülle mit Klebefilm verschließen. Nun die als Lesezeichen gedachte Hülle lochen, ohne das Geld zu beschädigen, und an das Geschenkband hängen.

GELD FÜR DEN FÜHRERSCHEIN

Material:

Mauerstein
mittelstarker Karton
zerschnittene Straßenkarte
Geldscheine
Klarsichtfolie
Schleife

Hilfsmittel:

dicker Filzstift
Schere

Beschriften Sie die Seiten eines Mauersteins mit einem dicken Filzstift. Damit sie in den Löchern des Steins besser halten, werden die Geldscheine und die Straßenkartenstücke jeweils mit gleich großen Kartonstücken zusammengerollt. Verpacken Sie nun den Stein luftig in Klarsichtfolie, und verzieren Sie das Geschenk mit einer großen Schleife.

Material:

Führerschein
weißes Papier
graues Tonpapier
Geldschein

Hilfsmittel:

Korrekturflüssigkeit oder Deckweiß
Schreibmaschine oder schwarzer Stift
Schneidemesser
transparenter Klebefilm
Kleber

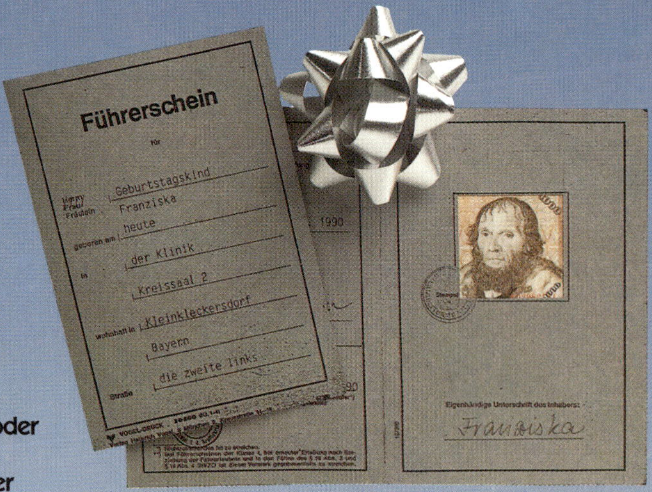

Kopieren Sie Vorder- und Rückseite eines Führerscheins auf das weiße Papier. Decken Sie alle „falschen" Angaben mit Korrekturflüssigkeit oder Deckweiß ab. Kopieren Sie nun diese Kopie auf das graue Tonpapier, und machen Sie lustige Angaben wie: „Name: Geburtstagskind Franziska, Geburtstag: heute". Das Foto herausschneiden, und das Fenster mit dem Geldschein hinterlegen, der mit ein wenig Klebefilm fixiert wird. Kleben Sie nun Vorder- und Rückseite des Führerscheins mit einigen Klebepunkten zusammen.

FÜRS NEUE AUTO

Material:

Spielzeugauto
Ganzkorperfoto des Geschenkempfängers
Geschenkband und Schleife

Hilfsmittel:

(Nagel-)Schere
doppelseitiges Klebeband
Pinzette
kleine Gummiringe
transparenter Klebefilm

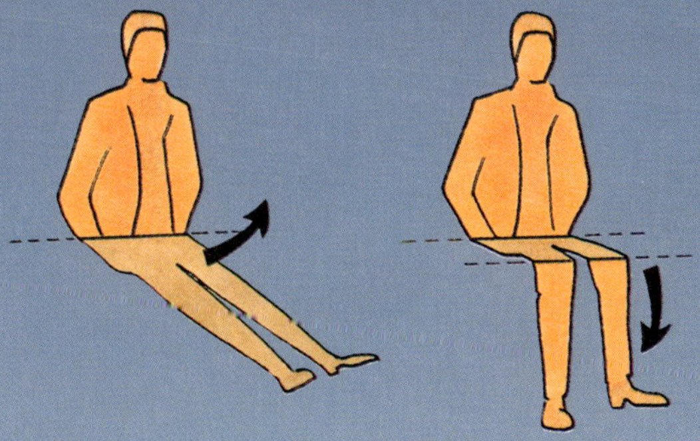

Kaufen Sie ein 20 bis 30 cm langes Spielzeugauto. Achten Sie darauf, daß die Fahrertür und der Kofferraum zu öffnen sind. Zunächst die Person, die auf dem Foto 6 bis 7 cm groß sein sollte, ausschneiden. Am besten klappt's mit einer Nagelschere. Knicken Sie jetzt die ausgeschnittene Person so, daß sie später im Auto sitzen kann. Mit Hilfe der Pinzette wird das ausgeschnittene Foto dann mit doppelseitigem Klebeband auf den Fahrersitz geklebt. Die Geldscheine zusammenrollen, mit kleinen Gummiringen umwickeln und in den geöffneten Kofferraum stecken. Falls die Kofferraumtür die Scheine nicht ausreichend festhält, kleben Sie die Geldrollen einfach noch einmal mit Klebefilm fest. Schmücken Sie das Auto dann noch mit einer schönen, großen Schleife.

US-DOLLARS FOR YOUR TRIP!

Material:

vertrocknetes Hamburgerbrötchen
blaue Untertasse
Zahnstocher
US-Dollars
kleine USA-Fähnchen
Klarsichtfolie
Geschenkband in Rot, Weiß und Blau

Hilfsmittel:

Messer
doppelseitiges Klebeband
Schere

Schneiden Sie das Brötchen in der Mitte durch, und fixieren Sie die untere Hälfte mit doppelseitigem Klebeband auf der Untertasse. Die obere Hälfte befestigen Sie auf der unteren am besten unsichtbar mit Zahnstochern. Falten Sie die Geldscheine einmal quer, und schieben Sie sie ringsum zwischen das Unter- und das Oberteil des Brötchens, in das Sie noch ein paar Fähnchen hineinstecken. Zum Schluß bekleben Sie den Teller mit weißen Sternchen. Nun noch in Klarsichtfolie einpacken und mit hübschem Geschenkband verschließen.

AMERICA HERE I COME!

Material:

durchsichtige Kunststoffverpackung
USA-Reiseprospekt
Popcorn
Kaugummi
kleine USA-Fähnchen
US-Dollars
Klarsichtfolie
Geschenkband in Rot, Weiß und Blau

Hilfsmittel:

Schere
transparenter Klebefilm

Schneiden Sie aus einem USA-Reiseprospekt typische Motive aus, und befestigen Sie sie mit etwas Klebefilm von innen an der Verpackung. Danach füllen Sie diese mit Popcorn und mit einigen Kaugummis. Stecken Sie auch einige USA-Fähnchen dazu. Nun rollen Sie die Geldscheine, verpacken sie wie ein Bonbon in Klarsichtfolie und legen sie ebenfalls zum Popcorn. Verschließen Sie die Packung, und verzieren Sie sie noch mit Geschenkband in den Farben der amerikanischen Fahne.

Popcornrezept:

Sie brauchen: Maiskörner, Öl und Salz oder Zucker.

Öl in einen mittelgroßen Topf gießen und stark erhitzen. 3 bis 4 Eßlöffel Maiskörner dazugeben und den Topf zudecken. Die Hitze drosseln und warten, bis alle Körner aufgesprungen sind. Das fertige Popcorn nach Geschmack mit Salz oder Zucker bestreuen.

Material:

grüner und roter Tonkarton
weißer Karton
Spaghetti, Knoblauchzehe
Tiefkühlpizzapackung
Italienreiseprospekt
kleines Italien-Fähnchen
Geschenkband in Rot, Weiß und Grün
Geldscheine (möglichst in Landeswährung)
große Büroklammer

Hilfsmittel:

Schneidemesser
Klebestift
transparenter Klebefilm
Schere
doppelseitiges Klebeband
Locher

BELLA ITALIA!

Schneiden und kleben Sie aus den Kartons eine italienische Fahne. Befestigen Sie darauf mit Klebefilm einige Spaghetti. Schneiden Sie dann die auf der Tiefkühlpizzapackung abgebildete Pizza aus. Sie wird mit doppelseitigem Klebeband auf den Hintergrund geklebt. Die Collage mit Motiven aus dem Reiseprospekt, dem Fähnchen und der Knoblauchzehe dekorieren. Durch ein Loch ziehen Sie Geschenkbänder in den italienischen Landesfarben. Zum Abschluß klemmen Sie die gefalteten Geldscheine mit einer großen Büroklammer an den Karton.

VIVA ESPAÑA!

Material:

Tüte aus Klarsichtfolie
Dekoration zum Thema Spanien
Spanienreiseprospekt
Geldschein
kleiner Gummiring
rundes Tortendeckchen

Hilfsmittel:

transparenter Klebefilm
Schere

Füllen Sie die Tüte beispielsweise mit einem kleinen Tontopf, einem Plastikstier, Kastagnetten und spanischen Münzen. Schneiden Sie aus dem Reiseprospekt typische Motive aus, und legen Sie sie dazu. Falten Sie den Geldschein zu einem Fächer, den Sie am unteren Ende mit einem kleinen Gummiring zusammenhalten. Den Fächer in den Tontopf stecken und die Tüte mit Klebefilm oder einem Tacker verschließen. Zum Schluß wird ein Stück Spitze von dem runden Tortendeckchen abgeschnitten und oben an die Tüte geklebt. Olé!

GUTSCHEINE

Haben Sie schon mal einen selbstgestrickten Pullover verschenkt, den Sie noch gar nicht gestrickt hatten? Oder zu einer Einladung Ihre Spülhilfe angeboten, anstatt Blumen mitzubringen?
Es gibt unzählige Gelegenheiten, bei denen man mit einem Geschenkgutschein Freude machen kann. Damit läßt sich auch eine Einladung zum Essen, zum Besuch eines Sprachkurses oder ein Angebot, Hund oder Baby zu hüten, optisch gestalten und effektvoll verschenken.
Für das Einlösen des Gutscheins sollte der Text möglichst genau formuliert sein. So vermerken Sie bei der Einladung zum Essen Tag und Uhrzeit, bei einem

Sprachkurs legen Sie das Anmeldeformular bei, und wenn Sie das Baby hüten wollen, geben Sie ruhig Ihre Vorstellung von der Stundenanzahl an. Damit bleibt nichts offen, und das Einlösen des Gutscheins wird für den Empfänger nicht zum unangenehmen Bittgang.

FÜR KÖRPER-BEWUSSTE

Material:

2 Ballons
Papprolle (Innenteil einer Küchenkrepp-rolle)
farbiges Kunststoffklebeband (Isolier-band)
Hutgummi

Hilfsmittel:

wasserfester Filzstift mit weicher Spitze
Schere
Messer

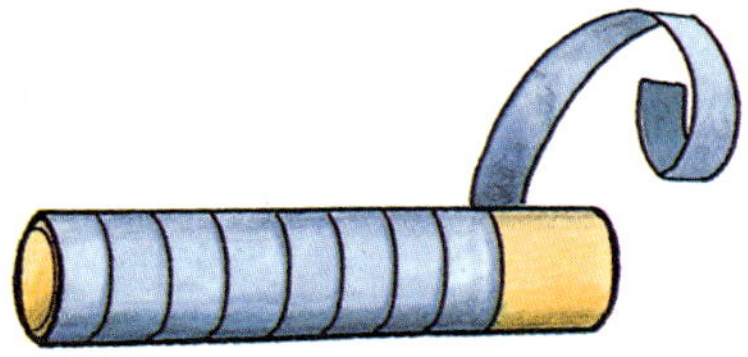

Basteln Sie eine luftig-leichte Hantel aus zwei Ballons und einer Papprolle. Die Ballons nicht zu prall aufblasen, zuknoten und den Gutscheintext vorsichtig mit wasserfestem Filzstift direkt darauf schreiben. Die Papprolle auf ungefähr 18 cm Länge zurechtschneiden und mit farblich zu den Ballons passendem Kunststoffklebeband umwickeln. An einem der Ballons befestigen Sie ein ausreichend langes Stück Hutgummi, das Sie dann durch die Rolle ziehen und am zweiten Ballon so festknoten, daß die Öffnungen der Rolle durch die Ballons gut verschlossen sind (siehe Zeichnung). Die Enden des Hutgummis können Sie entweder abschneiden oder in der Rolle verschwinden lassen.

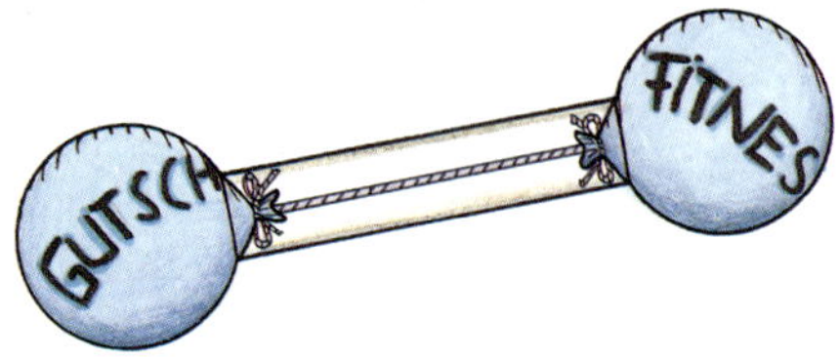

FÜR SONNENHUNGRIGE

Material:

kleines Gästehandtuch
Papprolle
Höhensonnenschutzbrille
roter Karton
Geschenkband
Gutschein für Solariumabonnement

Hilfsmittel:

Messer
Schere
doppelseitiges Klebeband
Locher

Falten Sie das kleine Gästehandtuch einmal der Länge nach. Legen Sie darauf quer eine passend zugeschnittene Papprolle (Innenteil einer Küchenkrepprolle). Das Handtuch wird nun um die Rolle gewickelt und mit dem Gummiband der Schutzbrille zusammengehalten. Aus dem Karton schneiden Sie einen kleinen Mund, den Sie mit einem Stückchen doppelseitigem Klebeband auf dem Handtuch befestigen. Das so entstandene Gesicht wird mit Geschenkband-„Haaren“ versehen. Zum Schluß lochen Sie Ihren Geschenkgutschein und hängen ihn mit einem Band an den fertigen Kopf. So einfach verschenkt man Urlaubsbräune!

SOMMERURLAUB

Material:

kleine Palme oder kleiner Kaktus im Topf
Puppenliegestuhl mit Sonnenschirm
Sand, Muscheln, Kieselsteine und andere Accessoires

Hilfsmittel:

wasserfester Filzstift

Besorgen Sie sich eine Topfpflanze, die zur Vegetation des Urlaubslandes paßt. Ein kleiner Raketenwacholder sieht aus wie eine südeuropäische Zypresse, eine kleine Palme erinnert an den Strandurlaub und ein Kaktus im Sand- oder Steinbett an eine Reise in trockene und heiße Regionen.
Um die Pflanze herum dekorieren Sie die kleinen Accessoires. Wer kommt da nicht in Urlaubsstimmung! Den Gutscheintext schreiben Sie entweder mit einem wasserfesten Filzstift direkt auf den Topf oder auf ein Klebeetikett.

WINTERURLAUB

Material:

kleines Tannenbäumchen
in weißem Topf
Engelshaar oder weiße Watte
Miniaturskifahrer
kleine Flagge des Urlaubslandes

Hilfsmittel:

grüner Lackstift

Rund um das Tannenbäumchen stellen Sie mit dem Engelshaar und den Miniaturaccessoires eine Winterurlaubslandschaft dar. Den Gutscheintext schreiben Sie mit dem grünen Lackstift entweder direkt auf den Topf oder auf ein Klebeetikett.

FÜR FILMFANS

Material:

Körbchen
Dose Bier oder kleine Flasche Sekt
Knabbereien
Süßigkeiten
Papiertaschentücher
Gutscheine für Videofilme
Videokassette
Klarsichtfolie

Füllen Sie das kleine Körbchen mit der Dose Bier oder der kleinen Flasche Sekt, einer Tüte Knabbereien, Süßigkeiten, einer Packung Papiertaschentücher (für traurige Filme!) und was sonst noch einen Filmabend angenehm machen kann. Die Gutscheine für die Filme schieben Sie dazwischen. Falls Sie noch einen Rest eines Schmalfilms haben, können Sie das Körbchen damit dekorieren. Zum Schluß wird das Ganze noch in Klarsichtfolie gehüllt.

FÜR MUSIK-LIEBHABER

Material:

Tageszeitung
Theaterprogramm
Elefantenhautpapier
Tüte aus Klarsichtfolie
Spielzeuginstrument
goldfarbene Schleife
goldfarbener Lackstift
goldfarbene Geschenkschnur

Hilfsmittel:

Schere
Tacker
Locher

Schneiden Sie aus der Tageszeitung oder aus einem Theaterheft das Monatsprogramm des in Frage kommenden Theaters aus. Lassen Sie es auf Elefantenhautpapier kopieren, und schneiden Sie es so zurecht, daß es in die kleine Tüte aus Klarsichtfolie paßt. Stecken Sie ein Instrument in Spielzeugausführung dazu. Schlagen Sie den Rand der Tüte nun 2- bis 3mal um, und tackern Sie sie zu. Den Umschlag einmal lochen und daran die goldfarbene Schleife befestigen. Schreiben Sie dann den Gutscheintext mit dem Lackstift auf ein Stück Elefantenhautpapier, das Sie zum Schluß mit einer passenden Geschenkschnur an den Beutel hängen. Für junge Leute basteln Sie einen Gutschein für ein Popkonzert.

FREIZEIT-PARK-BESUCH

Material:

Glas mit Deckel
2 Blatt Elefantenhautpapier (DIN A5)
kleine Schaufel
Geschenkband

Hilfsmittel:

Buntstifte
Schere

Den Gutscheintext auf ein Stück Elefantenhautpapier schreiben, das Sie zusammenrollen, mit Geschenkband fixieren und in das Glas legen. Das verschlossene Glas wird nun im eigenen Garten, im nahe gelegenen Park oder im Wald an einer Stelle vergraben, die leicht wiederzufinden ist. Anschließend malen Sie auf das zweite Blatt Elefantenhautpapier eine Schatzkarte mit der Wegbeschreibung. Dabei geben Sie Schilder, Weggabelungen, Schrittanzahlen oder ähnliches als Orientierungshilfen an. Die zusammengerollte Schatzkarte wird an eine kleine Schaufel gebunden und so überreicht.

ZOOBESUCH

Material:

Schuhkarton
Geschenkpapier mit Tiermotiven
Ostergras
Proviant
Gummitier
farbiger Karton

Hilfsmittel:

Sprühkleber
Bleistift
Lineal
Schere
Filzstift

Bekleben Sie den Schuhkarton wie abgebildet mit dem Geschenkpapier. Betten Sie ihn mit Ostergras aus, füllen Sie ihn mit dem Proviant, und legen Sie das Gummitier dazu. Den Gutscheintext können Sie auf einen in Tierform ausgeschnittenen farbigen Karton schreiben.

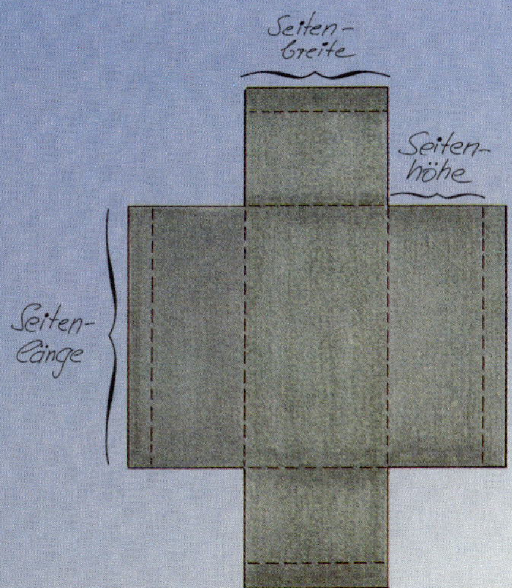

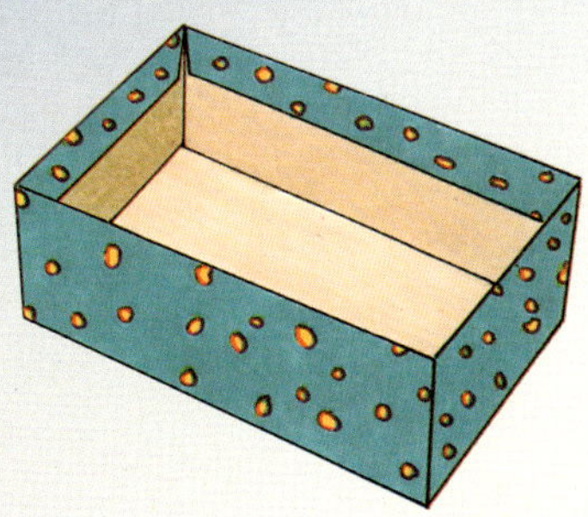

FÜR ECHTE

Material:

Saisonkarte fürs Schwimmbad
Plastikhülle
Badehandtuch
billige Plastiksonnenbrille
Latexbadekappe
kleine Flasche Sonnenmilch
Klarsichtfolie
Geschenkband

Hilfsmittel:

Schere
Nähnadel
Nähgarn
wasserfester Filzstift

Stecken Sie die Saisonkarte in eine Plastikhülle, die Sie dann mit einigen groben Stichen an das Badehandtuch nähen. Dekorieren Sie das Handtuch noch mit der Sonnenbrille, mit der mit wasserfesten Filzstiften bemalten Latexbadekappe und der Sonnenmilchflasche. Zum Schluß verpacken Sie das Handtuch in Klarsichtfolie und schmücken es mit Geschenkband.

WASSERRATTEN

Material:

Schwimmtier
Saisonkarte fürs Schwimmbad
Plastikhülle
Geschenkband
farbiger Karton

Hilfsmittel:

Schere
Locher

Stecken Sie die Schwimmbadsaisonkarte in eine Plastikhülle, die Sie lochen und mit Geschenkband um den Hals des aufgeblasenen Tieres hängen. Sie können zusätzlich noch den Namen des Geschenkempfängers auf ein Stück farbigen Karton schreiben, den Sie ebenfalls befestigen.

FÜR LOTTO-SPIELER

Material:

vierblättriger Glücksklee
weißer Übertopf
Lottoschein
Plastikhülle
Schaschlikstäbchen
Schleife

Hilfsmittel:

Schere
transparenter Klebefilm

Kaufen Sie in einem Blumenladen oder in einer Gärtnerei ein Töpfchen mit vierblättrigem Glücksklee, und stellen Sie es in den Übertopf. Füllen Sie den Lottoschein auf den Namen des Empfängers aus, und geben Sie ihn bei der Lottoannahmestelle ab. Schieben Sie den Beleg in eine Plastikhülle, und kleben Sie sie an ein Schaschlikstäbchen. Zum Schluß wird der Lottoschein in das Töpfchen gesteckt und vielleicht noch mit einer farblich passenden Schleife verziert.

GESCHIRR NACH WAHL

Material:

ein Gedeck
Süßigkeiten
Klarsichtfolie
große Schleife
farbiger Tonkarton

Hilfsmittel:

Locher
Filzstift

Verpacken Sie das Gedeck großzügig in viel Klarsichtfolie. Die Tasse füllen Sie vorher mit den Süßigkeiten. Schmücken Sie das Ganze mit einer farblich passenden, großen Schleife. Schreiben Sie nun den Gutscheintext auf eine Karte aus Karton, die Sie mit einem Geschenkband an die Schleife hängen.

FÜRS EIGENE HEIM

Schneiden Sie die Abbildung aus dem Prospekt aus, und kleben Sie sie auf einen Karton. Entsprechend der Abbildungsgröße basteln Sie nun eine Verpackung. Vor dem Falzen schreiben Sie den Gutscheintext sowie die Glückwünsche mit Filzstift außen auf den Karton (siehe Zeichnung). Um problemlos falzen zu können, sollten Sie alle gezeichneten Kanten entlang des Lineals ganz leicht mit dem Schneidemesser anritzen. Falten Sie den Karton, und kleben Sie die Laschen innen mit Klebstoff fest. Dekorieren Sie die Attrappe noch mit einer schönen Schleife. Nach dieser Anleitung können Sie auch einen Gutschein für einen Kühlschrank, eine Waschmaschine oder eine Spülmaschine basteln.

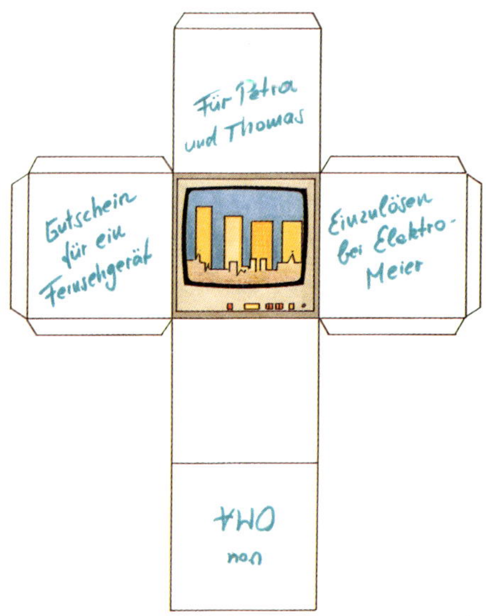

Material:

Elektrogeräteprospekt mit Frontabbildung des gewünschten Gerätes
DIN-A3-Karton
Schleife

Hilfsmittel:

Schneidemesser
Klebstoff
Filzstift
Lineal

ABONNEMENT-GUTSCHEIN

Material:

Illustrierte
farbiger Tonkarton
Geschenkband und Schleife

Hilfsmittel:

Schere
Kleber
Locher

Schneiden Sie aus alten Zeitschriften den gewünschten Gutscheintext in verschiedenen Schriftarten aus. Kleben Sie die einzelnen Worte ähnlich wie auf einem Erpresserbrief auf den Karton und dazu zum Thema passende kleine Abbildungen aus Zeitschriften. Schmücken Sie den Gutschein mit Geschenkband und Schleife. Damit das Band gut hält, können Sie den Gutschein lochen und das Band durchziehen.

SPRACHEN LERNEN

Material:

Wörterbuch
Geschenkpapier und Schleife in den jeweiligen Landesfarben
Tonkarton

Hilfsmittel:

transparenter Klebefilm
Schere

Kaufen Sie ein Wörterbuch in der entsprechenden Sprache. Den Gutscheintext schreiben Sie in der Fremdsprache auf die erste Innenseite. Hübsch dazu ist auch ein extra Gutschein, der in den entsprechenden Landesfarben gestaltet wird. Packen Sie nun noch das Buch in Geschenkpapier in den jeweiligen Landesfarben ein.

FÜR PFERDENARREN

Material:

Tüte aus Klarsichtfolie
Zuckerstücke
Lederband
farbige Tonkartons
Faden oder Lederband

Hilfsmittel:

Filzstifte
Schere

Füllen Sie die Tüte mit Zuckerstückchen, und binden Sie sie mit dem Lederband zu. Zeichnen Sie jeweils ein Pferd auf die verschiedenen Farbkartons, und schneiden Sie die Tiere an den Umrissen aus. Ist das zu schwierig, sucht man sich eine geeignete Vorlage. Auf jedes Pferd schreiben Sie mit Filzstift den Gutscheinwert, zum Beispiel eine Reitstunde. Dann am Zuckerbeutel befestigen.

EIN PULLI FÜR IHN

Material:

Wollreste
Ganzkörperfoto des Geschenkempfängers
farbiger Tonkarton (DIN A4)

Hilfsmittel:

Stricknadeln
Schere
Kleber
Nähnadel
Nähgarn
Filzstift

Stricken Sie aus Wollresten einen kleinen Pullover. Aus dem Foto den Kopf mit einem Teil des Oberkörpers ausschneiden. Legen Sie den Pulli auf den Karton, und nähen Sie ihn mit einigen nicht sichtbaren Stichen fest. Das Foto hineinstecken und am Kopf festkleben. Wenn Sie möchten, malen Sie noch Hände dazu. Mit Filzstiften wird nun der Gutscheintext auf den Karton geschrieben und der Rand mit einer Schleife aus Wollfäden verziert.

MODE FÜR SIE

WOLLE NACH WAHL

Material:

Körbchen
Wollreste
2 Schaschlikstäbchen
2 Holzperlen mit Loch
Gutschein mit Kuvert
Klarsichtfolie

Hilfsmittel:

Messer

Füllen Sie das Körbchen mit Knäueln aus Wollresten. Aus den Schaschlikstäbchen und den Holzperlen basteln Sie kleine Stricknadeln. Besonders hübsch sieht es aus, wenn Sie auf den Stäbchen einige Maschen anschlagen oder sogar ein Stück stricken. Dann mit einem hübschen Gutschein versehen und großzügig in Klarsichtfolie einschlagen – fertig ist das Werk!

Material:

Modepuppenkleidungsstück
Porträtfoto der Empfängerin
farbiger Tonkarton (DIN A4)
Schleife

Hilfsmittel:

Schere
Nähnadel
Nähgarn
Kleber
Filzstifte

Schneiden Sie den Kopf mit Hals aus dem Foto aus. Nähen Sie das Kleidungsstück mit ein paar Stichen in der Mitte des Kartons fest. Stecken Sie das Foto in den Ausschnitt der Kleidung, und kleben Sie es auf den Karton. Nun eventuell noch Arme und Beine zeichnen. Zum Schluß wird der Karton mit den Filzstiften beschriftet und mit einer schönen Schleife dekoriert.

SCHALLPLATTE NACH WAHL

Material:

eine ausrangierte Schallplatte mit Hülle
Geschenkpapierbogen
farbiger Karton
Schleife

Hilfsmittel:

Schere
Sprühkleber
Zirkel
Filzstift

Nehmen Sie für dieses Geschenk eine ausrangierte Schallplatte aus Ihrer Sammlung. Beziehen Sie die Hülle mit einem hübschen Geschenkpapier. Am besten geht's mit Sprühkleber. Dazu wird das Papier auf der Rückseite eingesprüht, am Hüllenrand angesetzt und vorsichtig glattgestrichen. Ziehen Sie danach auf dem farbigen Karton mit einem Zirkel zwei Kreise von der Größe der Plattenlabels. Ausschneiden, den Gutscheintext daraufschreiben und über die alten Plattenlabels kleben.

FOTOGRAF FÜRS JUBILÄUM GESUCHT?

Material:

Fotoalbum mit Einsteckhüllen
Jubiläumszahl
Dekoblumen
Karton

Hilfsmittel:

Kraftkleber
Schere
Filzstifte

EINLADUNG ZUM ESSEN

Material:

kleiner Kochtopf
weiße Servietten oder weißes Seidenpapier
kleine Lebensmittel oder Marzipanlebensmittel
weißer Karton
Klarsichtfolie
Geschenkband

Hilfsmittel:

Schere
Filzstift
Locher

Legen Sie zunächst den Boden des Kochtopfes mit den zerknüllten weißen Servietten oder dem Seidenpapier aus, und füllen Sie ihn dann mit den kleinen Lebensmitteln. Auf ein Stück Karton die Einladung schreiben und in den Topf stecken. Das Ganze großzügig in Klarsichtfolie packen und mit Geschenkband verschließen. Sie können den Gutschein aber auch lochen und an das Geschenkband hängen.

Bekleben Sie das Fotoalbum vorn mit der Jubiläumszahl des Geburtstagskindes und mit Dekoblumen. Schneiden Sie aus dem Karton ein Stück in der Größe der Einsteckhüllen aus, beschriften Sie es mit dem Gutscheintext, und stecken Sie den Gutschein in die erste Hülle. Nun können Sie bei der Feier das Album vorzeigen und hübsche Aufnahmen machen. Nehmen Sie es danach wieder mit, und stecken Sie die entwickelten Fotos hinein. Wenn Sie den Jubilar das nächste Mal sehen, überreichen Sie ihm das fertige Album.

BABYSITTER GESUCHT?

Material:

Babyflasche
Süßigkeiten
farbiger Karton
Zierkordel
Geschenkband
Federn

Hilfsmittel:

Schere
Filzstift
große Nähnadel
Locher

Die Flasche wird mit bunten Naschereien randvoll gefüllt. Für den Gutschein schneiden Sie vom Karton ein Stück in der gewünschten Größe aus und beschriften es wie abgebildet. Für jede Stunde, die Sie verschenken möchten, skizzieren Sie mit Bleistift ein Abreißfeld. Perforieren Sie dann die Linien mit einer großen Nähnadel. Nun den Gutschein lochen und mit einer Zierkordel an den Flaschenhals binden, den Sie schließlich noch mit Geschenkband und bunten Federn dekorieren.

GUTSCHEIN FÜRS GASSIGEHEN

Material:

breites, helles Geschenkband
Hundekauknochen
Trillerpfeife

Hilfsmittel:

Filzstift
Schere
Tacker

Das etwa 1 m lange Geschenkband wird der Länge nach mit dem Gutscheintext beschriftet. Ein Ende zu einer Schlaufe in Handgröße legen und festtackern. Am anderen Ende den Hundeknochen befestigen. Hängen Sie als „letzten Pfiff" eine Trillerpfeife an die Handschlaufe. Fertig!

DAS HAUS HÜTEN

Material:

kleine Gießkanne
Küchentücher
Luftpostkuverts
alte Urlaubspostkarten
Zeitung
Karton
Geschenkband

Hilfsmittel:

Bleistift
Filzstift
wasserfester Filzstift
Schere
Locher

Stopfen Sie die Gießkanne mit den Küchentüchern aus, und stecken Sie die Luftpostkuverts, die Urlaubspostkarten und ein Stück zusammengerollte Zeitung in die Öffnung. Für den Gutschein einen großen Schlüssel aus dem Karton ausschneiden. Darauf schreiben Sie Ihr Angebot, das Haus des Empfängers während seines Urlaubs zu hüten. Hängen Sie den Gutschein mit Geschenkband an die Gießkanne, die Sie zusätzlich mit den Worten „Wir machen Dienst vom .... bis ....!" beschriften können.

HEINZELMÄNNCHEN

Material:

Gartenhandschuh
Watte
Geschenkband
farbiger Tonkarton
Unkraut

Hilfsmittel:

doppelseitiges Klebeband
Filzstift
Schere

Stopfen Sie den Handschuh zu drei Vierteln mit Watte aus. Nehmen Sie dabei für die Finger einen Stift zu Hilfe. Dann den Handschuh am Schaft mit einem Geschenkband verschließen. Versehen Sie nun den Mittelfinger und den Daumen an der Innenseite mit je einem Stückchen doppelseitigem Klebeband. Beschriften Sie ein in Blumenform ausgeschnittenes Kartonstück mit dem Gutscheintext, und kleben Sie es zwischen Daumen und Mittelfinger. Das Unkraut wird ebenfalls von den Fingern gehalten.

Dieser Gutschein eignet sich besonders als Mitbringsel für eine große Party, bei der Sie Ihre Spülhilfe anbieten wollen, oder als Angebot, beim großen Frühjahrsputz aktiv dabeizusein.

Material:

Teller
Gummihandschuh
Schaschlikstäbchen
Spülbürste
Geschenkband

Hilfsmittel:

Lackstift
doppelseitiges Klebeband

Verstärken Sie den Gummihandschuh, indem Sie in jeden Finger ein Schaschlikstäbchen schieben. Legen Sie die farblich passende Spülbürste auf den Handschuh, und halten Sie beides mit einem Geschenkband zusammen. Markieren Sie die Umrisse des Handschuhs auf dem Teller. Mit einem Lackstift wird der Gutscheintext auf die freibleibenden Flächen des Tellers geschrieben. Befestigen Sie zum Schluß den Handschuh mit doppelseitigem Klebeband auf dem Teller.

VON EINER PUTZFEE

Geschenk an

Geschenkanhänger sind inzwischen in Hülle und Fülle und in jeder Art erhältlich. Um wieviel origineller ein Geschenk mit einem selbstkreierten Anhänger wirkt, sehen Sie auf den folgenden Seiten. Dafür lassen sich oft auch ganz einfache Gebrauchsgegenstände zweckentfremden. Ob Sie nun schnell eine Wäscheklammer beschriften oder den Namen des Geschenkempfängers mit Zuckerguß auf selbstgebackene Plätzchen schreiben – ein selbstgemachter Anhänger verleiht jedem Präsent eine persönliche Note.

hänger

Beschriften Sie einfach das Tassendeckchen aus Papier mit einem farblich passenden Filzstift. Befestigen Sie es mit doppelseitigem Klebeband auf dem Geschenk (links).

Stricken Sie eine kleine Mütze, oder kaufen Sie eine Puppenmütze. Nähen Sie mit Buchstabenknöpfen den Namen des Babys auf die Mütze. Die Knöpfe bekommen Sie in den meisten Handarbeitsgeschäften (links unten).

Beschriften Sie mit einem wasserfesten Filzstift oder einem Lackstift den Rand eines Babyschnullers mit dem Namen des Kindes. Die kleinen Löcher des Schnullers eignen sich gut zum Durchziehen des Geschenkbandes (rechts unten).

FÜRS BABY

KINDER-GEBURTSTAG

Beschriften Sie schöne breite Geschenkbänder mit dem Namen des jeweiligen Empfängers. Verwenden Sie dazu am besten Textilbänder und wasserfeste Filz- oder Lackstifte.

Besorgen Sie farblich zum Geschenkpapier passendes Tonpapier und lustige Selbstklebeetiketten. Schneiden Sie den Karton in die gewünschte Größe, und bekleben Sie ihn mit den Etiketten. Dann nur noch lochen und an das Geschenkband hängen. Fertig!

FÜR NASCH-KATZEN

Beschriftete Ausstechförmchen, auf Karton geklebte Buchstabenkekse oder -nudeln, als Namen geklebte Naschereien – vieles eignet sich für einen originellen Geschenkanhänger.

Sie brauchen dafür einen wasserfesten Filzstift und Sekunden- oder Kraftkleber. Zum Verzehr sind die Süßigkeiten dann natürlich nicht mehr geeignet.

Klebebuchstaben gibt es in vielerlei Variationen in größeren Schreibwarengeschäften. Die Initialen des Geschenkempfängers entweder direkt auf das Geschenkpapier oder auf einen extra Karton kleben.

HAPPY BIRTHDAY!

Soll es einmal schnell gehen, oder wollen Sie viele Kleinigkeiten verschenken – zum Beispiel bei einem Kindergartenfest oder einem Kindergeburtstag –, dann beschriften Sie einfach farbige Wäscheklammern mit einem wasserfesten Filzstift. Für „Alternative" gibt's die gute alte Wäscheklammer aus Holz.

HAPPY BIRTHDAY!

Rahmen Sie ein recht kleines Foto des Geschenkempfängers, und beschriften Sie es mit Lackstift. Als Rahmen können Sie zum Beispiel auch eine „Jubiläumsnummer" benutzen: Schneiden Sie dazu die Nummer heraus, und kleben Sie ein passendes Foto von hinten mit Klebeband an den Rand.

Schneiden Sie ein Foto des Geschenkempfängers so zurecht, daß es in einen Diarahmen paßt. Beschriften Sie die Glasscheibe oder den Rand des Diarahmens mit einem Lackstift. Befestigt wird der Anhänger mit doppelseitigem Klebeband.

Aus Modezeitschriften schneidet man einige hübsche Motive aus. Mit ein bißchen Glück finden Sie vielleicht auch den Namen des Geschenkempfängers. Ordnen Sie die Ausschnitte auf einem farbigen Karton zu einer Collage an, und schneiden Sie ihn schließlich noch in eine originelle Form.

Kaufen Sie im Kaufhaus eine Uhr ohne „Innenleben". Auf das Ziffernblatt kleben Sie einen Kreis aus Karton, den Sie mit dem Namen des Empfängers beschriften. Dann die Uhr mit doppelseitigem Klebeband ans Päckchen kleben.

Beschriften Sie einen kleinen Spiegel mit einem Lackstift oder einem wasserfesten Filzstift. Eventuell den Rand noch mit farblich passendem Textilklebeband einfassen. Mit doppelseitigem Klebeband befestigen.

AUS DER NATUR

Schöne glatte Steine oder große Kieselsteine lassen sich gut mit ganz normalen Filzstiften beschriften und mit Kraftkleber direkt auf das Paket kleben.
Zum Beschriften von Pflanzenblättern nehmen Sie besser einen wasserfesten Filzstift. Zum Befestigen reicht ein normaler Kleber.

FRÖHLICHE OSTERN!

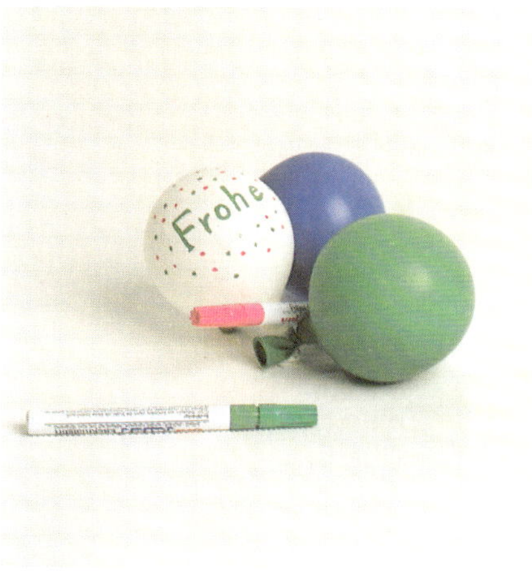

Einige nicht zu prall aufgeblasene Luftballons werden mit einem weichen, wasserfesten Filzstift beschriftet.

FROHE WEIHNACHTEN!

Links sind ausgeschnittene Geschenkpapiermotive auf farblich passenden Karton geklebt.
Die weihnachtlichen Butterplätzchen überziehen Sie mit Guß und beschriften sie mit Zuckerschrift, die es fertig zu kaufen gibt. Das Loch zum Anhängen nicht vergessen!

Von denselben Autoren sind im FALKEN Verlag die Titel „Perfekte Fensterbilder" (Nr. 4470) und „Bunte Dekorationen für den Kindergeburtstag" (Nr. 4471) erschienen. Die vorgestanzten Motive lassen sich einfach herausdrücken, falten, stecken und kleben.

ISBN 3 8068 1115 6

Titelbild und Fotos: Klaus J. Prior, Wiesbaden
Zeichnungen: Atelier für Werbe- und Gebrauchsgraphik A. Weiß, Obernbreit
Die Ratschläge in diesem Buch sind von den Autoren und vom Verlag sorgfältig erwogen und geprüft, dennoch kann eine Garantie nicht übernommen werden. Eine Haftung des Autors bzw. des Verlags und seiner Beauftragten für Personen-, Sach- und Vermögensschäden ist ausgeschlossen.
Satz: Fotosatz-Studio Creatype GmbH, Eschborn/Ts.
Druck: Druckerei Ernst Uhl, Radolfzell.

817 2635 44